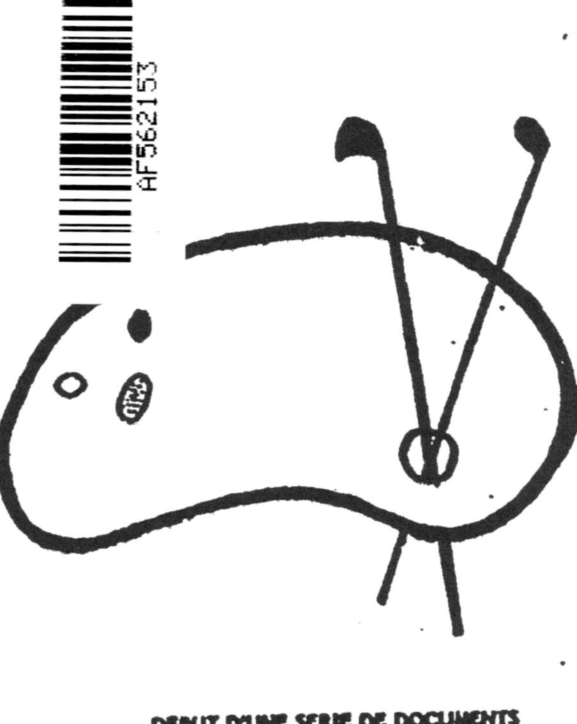

DEBUT D'UNE SERIE DE DOCUMENTS
EN COULEUR

Couverture inférieure manquante

OLLIVIER BEAUREGARD

ÉTUDES ÉGYPTIENNES

DEUX MÉMOIRES:

1° LES

2° L'USEKH

DES NOTICES DESCRIPTIVES DE CHAMPOLLION.

PARIS

MAISONNEUVE & CH. LECLERC, LIBRAIRES-ÉDITEURS

25, QUAI VOLTAIRE, 25

1888.

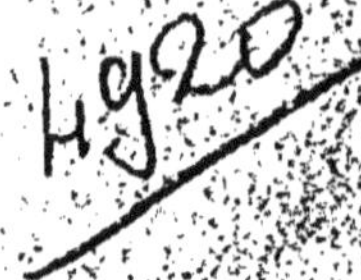

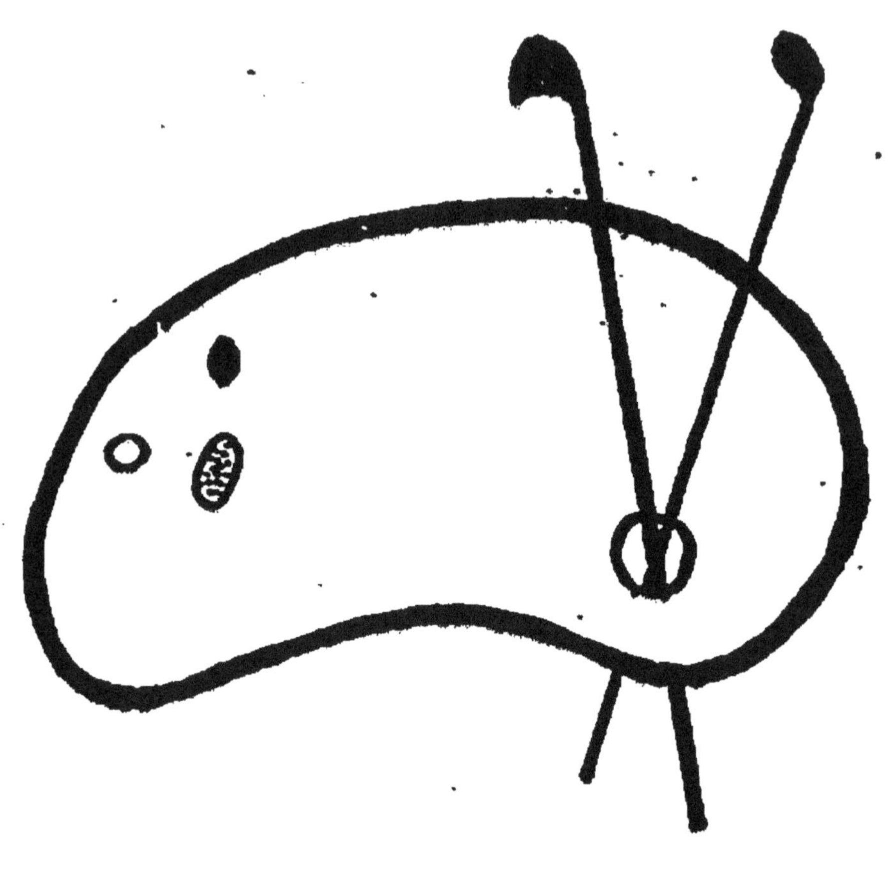

FIN D'UNE SERIE DE DOCUMENTS
EN COULEUR

OLLIVIER BEAUREGARD

ÉTUDES ÉGYPTIENNES

DEUX MÉMOIRES:

1° LES

2° L'USEKH

DES NOTICES DESCRIPTIVES DE CHAMPOLLION.

PARIS

MAISONNEUVE & CH. LECLERC, LIBRAIRES-ÉDITEURS

25, QUAI VOLTAIRE, 25

1888.

PRÉFACE

Les deux mémoires, que je produis ici, ont déjà figuré, chacun de son côté, dans des publications spéciales.

Le premier, les [hiéroglyphes], fait partie des ‚Études archéologiques, linguistiques et historiques‘, dédiées à M. le docteur C. Leemans de Leide (Leide, décembre 1885).

Le second, l'Usekh [hiéroglyphes], relève de l'ensemble des travaux du septième Congrès des Orientalistes tenu à Vienne, Autriche, septembre - octobre 1886, et compte au nombre des actes de ce congrès, section africaine.

Mais, tandis que ce dernier mémoire est l'exacte répétition du travail publié dans le Recueil des actes du septième Congrès des Orientalistes; l'autre mémoire, réduit en première édition à sa plus simple expression, afin de satisfaire aux recommandations du comité promoteur de la manifestation de sympathique congratulation en l'honneur du docteur C. Leemans, reprend ici son développement originel, pour la plus complète justification des propositions ethniques et grammaticales qu'il expose.

Le thème d'examen traité dans chacun de ces mémoires est emprunté aux Notices descriptives des monuments de l'Égypte et de la Nubie de Champollion et, en raison de leur communauté d'origine, j'ai tenu à publier ces deux mémoires sous la rubrique commune qui les réunit ici.

LES

UNE RESTITUTION
AU DOMAINE DE L'ANCIENNE ÉGYPTE

I

Les légendes hiéroglyphiques et les scènes variées, dont les dessins et les peintures décorent les parois de la chambre sépulcrale du tombeau n° 15,[1]) ont dès longtemps attiré l'attention des savants et, tout particulièrement, Wilkinson[2]) et Chabas[3]) ont emprunté à ce tombeau des scènes et des légendes relatives à leurs études. C'est plus spécialement des légendes où figure le groupe hiéroglyphique et des dessins qui s'y rapportent que nous entendons nous occuper ici.

Ce groupe paraît dans deux légendes. L'une de ces légendes, la première, s'étale sur quatre lignes verticales et accompagne une grande figure à peu près fruste aujourd'hui; mais qui a dû être la représentation du personnage nommé Rekhmara qui occupa le tombeau.

---

[1]) Champollion, Monuments de l'Égypte et de la Nubie, tome II. — Thèbes-Kourna, planches CLXIII, CLXV, CLXVI, CLXXXIX, CXC, CCXL, et Notices descriptives, tome I, pp. 505—510.

[2]) Wilkinson, Manners and Customs of the ancient Egyptians.

[3]) Chabas, Études sur l'antiquité historique, 2e édition, 1879.

Dans cette légende, ce Rekhmara, qui s'intitule Intendant principal, se dit chargé de recevoir les tributs apportés de diverses contrées qu'il nomme, et au nombre desquelles figure : la *contrée des Rotennou.*

L'autre légende, où se retrouve cette même expression hiéroglyphique, s'adresse à un groupe de deux personnages placés sur le même plan, mais divers, tout à la fois, par la physionomie, par la coiffure, par les vêtements et par les objets qu'ils apportent en tribut.

Voici, complète, cette seconde légende :

Wilkinson et Chabas ont, l'un et l'autre, traduit cette expression : par l'ethnique consacré *Rotennou;* mais, si l'interprétation de cette expression , ainsi prise isolément, se trouve être rigoureusement exacte et suffisante d'ailleurs pour le rôle que Wilkinson et Chabas lui assignent dans leurs études respectives, il est certain qu'elle ne rend qu'imparfaitement l'idée complexe que réclame le groupe des deux personnages disparates qu'elle accompagne et que nous paraît assez clairement indiquer par son ensemble l'expression hiéroglyphique .

Cette réserve ne m'est point d'ailleurs exclusivement personnelle.

L'ethnographie, en quête de documents précis pour le classement méthodique des peuples de l'antiquité, s'est en effet préoccupée des tableaux géographiques figurés au quinzième tombeau et, étonnée de trouver sous une seule et même dénomination ethnique, des personnages symboliques en réalité intentionnellement disparates, elle a provoqué sur ces tableaux de nouvelles informations. C'est ainsi que sollicité, au mois d'avril

1884, de fournir une interprétation des légendes de ce quinzième tombeau,[1]) j'ai cru devoir traduire le premier des groupes par *Rotennou* et le second par *Lodannou* (Lydiens); me réservant de soumettre à la discussion, dans une publication spéciale, les motifs de cette diversité d'interprétation d'un même mot hiéroglyphique, deux fois mis en œuvre par la même main, dans le même moment et dans le même lieu.

II

Le groupe hiéroglyphique est l'expression d'une dénomination ethnique bien connue. Il est fait de *Roten* et de la désinence plurielle *ou* avec réduplication de la nasale par ʊ du génitif pluriel. Il se lit ainsi *Rotennou* et lorsqu'il est immédiatement suivi du déterminatif *contrée*, il se traduit, pour l'ordinaire, par *contrée des Rotennou*, ce qui s'entend de la Syrie, dans la plus grande extension qu'elle eut vers l'Est.

Mais les transcriptions connues et unanimement adoptées de l'alphabet égyptien donnent au signe la double valeur *r* et *l* et au signe la double valeur *t* et *d*; de sorte que le groupe peut, tout aussi légitimement, être lu : *contrée des Lodannou* (Lydiens) que *contrée des Rotennou*, et de fait, les témoignages de cette double acception ne font point défaut.

Emmanuel de Rougé, Chabas, Auguste Mariette, qui, successivement ou simultanément, se sont occupés des Inscriptions historiques de Karnak, ont toujours traduit, en raison des circonstances où ils en ont trouvé l'emploi, le mot

1) Lettres, à moi adressées, par M. le docteur Hamy, en date des 4 et 21 avril 1884.

par : contrée des *Rotennou,* et c'est bien encore cette même interprétation qu'il convient de donner à ce groupe hiéroglyphique qui figure à la phrase suivante : , Sa Majesté étant venue au pays des *Rotennou* supérieurs.

Mais il y a aussi de valables témoignages de saine interprétation par : contrée des *Lodannou* et, par exemple, nous trouvons dans la grammaire égyptienne de Champollion :

Page 151 : , λτn, *Lodan.*

Page 166 : les grands chefs du pays des *Lodannou.*

Et le dictionnaire égyptien de Champollion, page 86, répète cette même interprétation pour le mot .

Les interprétations *Rotennou* et *Lodannou* étant donc également légitimes, c'est nécessairement aux circonstances accessoires, qui accompagnent l'expression principale, à déterminer le choix de l'interprétation.

Mais le cas est ici tout particulièrement original; grâce à l'une de ces coquetteries assez familières à la langue écrite de l'Égypte, la préférence n'est pas possible et le choix à faire consiste justement à admettre les deux acceptions. La grammaire et les circonstances accessoires s'accordent en effet pour exiger qu'il en soit ainsi.

Le mot *tméi,* justice, vérité, par la double signification qu'il porte en soi; par le rôle varié que lui fait jouer l'emploi simple ou double du déterminatif , déesse, nous vient en témoignage des acceptions diverses et simultanées que doit fournir notre mot suivant qu'il est accompagné du déterminatif , contrée, au singulier ou au duel.

Ainsi peut, au gré des circonstances, signifier la divinité Justice, ou la divinité Vérité. Mais le même mot *tméi,* suivi du déterminatif [hiéroglyphe] au duel : [hiéroglyphes], signifie tout à la fois : la divinité Justice, la divinité Vérité.

De la même manière, s'il est suivi du déterminatif [hiéroglyphe], contrée, au singulier, notre mot [hiéroglyphes] peut au gré des circonstances signifier, ou bien contrée des *Rotennou,* ou bien contrée des *Lodannou* (Lydiens). S'il se présente au contraire, avec le déterminatif [hiéroglyphe], contrée, au duel, — et c'est ici le cas — [hiéroglyphes] doit signifier tout à la fois : la contrée des *Rotennou,* la contrée des *Lodannou* (Lydiens). Ainsi le veulent la constitution alphabétique du mot [hiéroglyphes] et les lois de la grammaire; ainsi le veut également la scène aux deux personnages disparates que la légende, dont notre mot fait partie, accompagne; ainsi le veut encore cette indication topographique de la légende, [hiéroglyphes], qui dénote deux contrées septentrionales par rapport à l'Égypte, deux contrées, qui, par le mot identique qui les désigne, ne peuvent être que la contrée des *Rotennou* et la contrée des *Lodannou* (Lydiens).

III

Il est vrai que, une fois acquis à l'Égypte, le Roten de Syrie fut administrativement divisé en deux régions, dont l'une, la plus voisine de l'Égypte fut le Roten supérieur, et l'autre, qui s'étendait vers l'Est jusqu'au voisinage de l'Euphrate, fut le Roten inférieur, et que, dans ces conditions, l'ensemble hiéroglyphique [hiéroglyphes], qui, littéralement, désigne deux contrées de Rotennou, pourrait être ici d'une application directe.

Mais, sans appuyer sur la valeur expresse des signes complémentaires [hiéroglyphes], qui exigent que les deux contrées [hiéroglyphe] soient l'une et l'autre situées directement au nord de l'Égypte, nous trouvons dans les fastes historiques du peuple de la vallée du Nil des témoignages souverains, qui s'opposent à ce que le mot [hiéroglyphes] puisse s'entendre ici tout à la fois du Roten supérieur et du Roten inférieur.

Aux termes d'une inscription contemporaine de Rekhmara que nous fait connaître Auguste Mariette, les deux [hiéroglyphes] dont nous nous occupons, doivent être situés en face de l'Eau d'Égypte.

Le récit de la campagne, — celle de Toutmès III contre la confédération — dit en effet Auguste Mariette ,récit gravé sur les murailles du couloir, qui enveloppe les chambres de granit, à Karnak, parle des limites de la confédération enfermée dans un territoire, qui s'étend d'Elusa aux frontières du monde, ce qui comprend les rois des peuples situés en face de l'Eau d'Égypte‘.[1])

L'Eau d'Égypte, c'est cette portion de la mer Méditerranée, qui, des côtes de l'Égypte, s'élève vers le nord jusqu'aux rives méridionales de l'Asie Mineure.

Le Roten supérieur, qui longe les rives syriennes de la mer Méditerranée, est bien situé en face de l'Eau d'Egypte, mais le Roten inférieur, qui, à la suite du Roten supérieur, s'avance dans l'Est jusqu'à l'Euphrate, n'est point et ne peut point être considéré comme étant en face de l'Eau d'Égypte.

Au contraire le pays des Lodannou, la Lydie, répond aux exigences de la description qu'Auguste Mariette a recueillie sur les murailles qui entourent, à Karnak, les chambres de granit. Il est franchement au nord de l'Égypte et directement en face de l'Eau d'Égypte.

Plus légitimement que le Roten inférieur, le pays des Lo-

---

[1]) Auguste Mariette, Études sur les listes géographiques des Pylônes de Karnak, p. 49.

dannou répond donc aux exigences de la situation définie par le récit que nous signale Auguste Mariette.

Mais le pays des Lodannou, situé dans l'Asie Mineure, peut-il être, à bon droit, compris au nombre des contrées devenues tributaires de l'Égypte à la suite des campagnes heureuses de Toutmès III contre la Confédération?

Ce sont encore les inscriptions murales de Karnak, contemporaines de Rekhmara, qui vont nous fixer sur cet autre point.

‚Les princes ligués contre l'Égypte, dit Auguste Mariette, pouvaient venir de plus ou moins loin.'[1])

Cette indication, vague et trop large, est pourtant un indice, dont il serait possible de tirer parti; toutefois je ne la fais intervenir ici qu'à titre de présomption concordante avec de plus positives explications.

Emmanuel de Rougé, parlant de la puissance étendue de Toutmès III, dit en effet : ‚Toute l'Asie Occidentale lui payait de riches tributs; les annales énumèrent les noms des principaux chefs de ces contrées parmi lesquelles on voit apparaître *Babel, Ninive, Assour* . . . Toutmès III paraît également avoir établi sur la Méditerranée un empire très étendu, qui précéda celui des Phéniciens et dont l'histoire avait perdu la mémoire[2]) . . . Nous avons cependant de la peine à croire, ajoute un peu plus loin Emmanuel de Rougé, même sur la parole d'Ammon, que les forces navales de l'Égypte eussent dès lors pénétré jusqu'à l'Océan, mais il faut reconnaitre que des peuples tributaires assez nombreux étaient placés du côté du couchant et ce fait est de nature à donner de la valeur aux récits mytho-

---

[1]) Auguste Mariette, Études sur les listes géographiques des Pylônes de Karnak, p. 49.

[2]) Emmanuel de Rougé, Principaux résultats des fouilles exécutées en Égypte, 1861, p. 10.

logiques des Hellènes concernant les anciennes colonies venues d'Égypte sur divers points des côtes de la Méditerranée.'[1])

En ce sens, l'inscription de Karnak fournit quelques indications précises.

,Je suis venu, y dit Amon-Ra à Toutmès, je t'ai accordé de frapper les peuples d'Occident. *Kefa* et *Asi* sont sous ta terreur; je leur ai fait voir ta Majesté telle qu'un jeune taureau, au cœur ferme, aux cornes aiguës, auquel on ne peut résister.'[2])

,Et ce peuple de *Kefa,* dit Emmanuel de Rougé, a été identifié avec succès. M. Birch, dont les nouvelles recherches de M. Brugsch, dans sa géographie, ont pleinement confirmé les vues sous ce rapport, a prouvé que ce peuple habitait les îles de la Méditerranée et lui a assigné Chypre et la Crète. On citait des vases ciselés d'or et d'argent parmi les produits de leur riche industrie.'[3])

Un peu plus loin, dans le même ouvrage, Emmanuel de Rougé, examinant la valeur de quelques hiéroglyphes de l'inscription de Karnak, ajoute : ,Le sixième verset nomme les habitants des îles : ceux qui sont au milieu de la mer, [hiéroglyphes] *uah-ur* ou le grand bassin, c'est le nom donné habituellement à la Méditerranée. Ce verset prétend assurément nous mener plus loin que Chypre et la Crète, et je ne doute pas qu'il n'ait entendu embrasser même les îles Occidentales.'[4])

Mais il suffit à l'objet de nos recherches que ce sixième verset[5]) atteste, jusqu'à Chypre et la Crète, l'étendue des territoires de la Confédération des peuples ligués contre l'Égypte.

---

[1]) Emmanuel de Rougé, même ouvrage, p. 16.

[2]) Emmanuel de Rougé, Études sur divers monuments du règne de Toutmès III, verset 4. — Revue archéologique, p. 200, année 1861.

[3]) Emmanuel de Rougé, même ouvrage, p. 218.

[4]) Emmanuel de Rougé, même ouvrage, p. 219.

[5]) Voici le texte de ce sixième verset : ,Je suis venu, je t'ai accordé de frapper les habitants des îles. Ceux qui résident au milieu de la mer sont

Dans l'espace géographique, que ces territoires embrassent, figure l'Asie Mineure, et dans l'Asie Mineure, parmi d'autres contrées de la même région, telle que la Mysie  *Mausu*, la contrée des Lodannou, la Lydie; contrée en face de l'Eau d'Égypte, comme le veut le récit gravé sur les murailles du couloir qui enveloppe les chambres de granit à Karnak; contrée au nord de l'Égypte, comme l'exige notre légende et seule contrée, parmi celles qui relèvent de la Confédération des peuples ligués contre l'Égypte,[1]) dont le nom s'adapte exactement à la double lecture que réclame le groupe hiéroglyphique  de la légende :

empruntée aux Notices descriptives de Champollion; seule contrée enfin, dont l'intervention, dans les conditions désormais connues, puisse nous donner raison de la disparité des figures que cette légende accompagne dans le tableau, qui les représente aux monuments de l'Égypte et de la Nubie.

En résumé, sous le bénéfice des constatations et des observations, qui précèdent, notre légende hiéroglyphique devra dès lors se traduire de la façon que voici : ‚Venus avec les tributs envoyés par les chefs des deux contrées septentrionales des *Rotennou* (Syriens) et des *Lodannou* (Lydiens).'

La lumière à faire sur l'ensemble des apparentes énigmes, qui marquent la Notice descriptive du quinzième tombeau et les tableaux qui s'y rapportent, était le but de notre étude.

Nous espérons y avoir réussi.

Le prince sous le règne de qui Rekhmara fit partie de

---

atteints par tes rugissements. Je leur ai montré ta Majesté semblable à un vengeur sur le dos de la victime.'

[1]) Voir Emmanuel de Rougé : Étude sur divers monuments du règne de Toutmès III.

l'administration supérieure de l'Égypte est Toutmès III, (☉ ▭ 𓆣) *Ra-men-ta,* soleil stabiliteur du monde,[1]) dix-huitième dynastie.

Cette circonstance atteste qu'au XVIIe siècle avant notre ère, la contrée de Lodan (la Lydie) s'était déjà reconnue vassale de l'Égypte.

---

[1]) *Ra-men-kheper,* des lectures actuelles, mais j'ai cru devoir conserver la lecture primitive de Champollion.

L'USEKH

COLLIER DE MÉRITE POUR LE CHOIX ET L'AMÉNAGEMENT DES HERBES FOURRAGÈRES

L'Égypte, qui dès les temps lointains de la dix-huitième dynastie — peut-être même auparavant — disposait d'un ordre de récompense pour le mérite civil et le mérite militaire, paraît avoir, vers la même époque, sollicité l'émulation des populations agricoles, par l'octroi de récompenses honorifiques à l'adresse des femmes les plus expertes, dans le choix et l'aménagement des herbes fourragères.

I

A la page 510 du tome premier, deuxième partie, des Notices descriptives des monuments de l'Égypte et de la Nubie, il est écrit :

„On remarque dans les divers tableaux de ce tombeau — le tombeau n° 15 — 1° une jeune fille offrant deux petits vases suspendus à son petit doigt; 2° dans le groupe suivant, une femme à laquelle on vient de mettre le collier : "[1])

[1]) Ce mot est écrit de droite à gauche dans les Notices descriptives.

Champollion a laissé sans interprétation cet ensemble hiéroglyphique : [hiéroglyphes] et, dans la collection des planches, on ne trouve point, sous la rubrique du quinzième tombeau, les deux scènes qu'il signale d'ailleurs sans commentaire.

C'est du groupe hiéroglyphique : [hiéroglyphes], et de la scène dont il relève que j'entends m'occuper dans cette étude, pour en fixer l'interprétation et déterminer par là le rôle du collier dont il est question.

Il convient tout d'abord de faire observer que cette scène d'investiture du collier [hiéroglyphes], attribué à une femme, fait partie de la décoration murale du tombeau d'un personnage qui s'intitule : [hiéroglyphes] l'intendant général, flabellifère Rekhmara, justifié. Personnage considérable, de son vivant grand dignitaire à la cour du roi [cartouche] *Ra-men-kheper*[1]) — Toutmès III, dix-huitième dynastie — qui se dit chargé de recevoir les tributs que viennent apporter les délégués des peuples vassaux de l'Égypte et dont le nom : [hiéroglyphes] Rekhmara — [hiéroglyphe] *rekh,* savant; [hiéroglyphe] *ma,* comme; ☉ *Ra,* le dieu-soleil — signifie : Aussi savant que le dieu-soleil. Toutes graves et solennelles circonstances, qui excluent absolument l'idée qu'il s'agit ici, dans la scène d'investiture du collier [hiéroglyphes], d'un acte de banale coquetterie de femme à propos d'un colifichet.

Toutefois, comme en fait, nous avons affaire à une femme et que d'ailleurs, dans l'Ancienne Égypte, ainsi que dans nos temps modernes, le collier a porté des noms et obéi à des exigences de formes qui variaient et se multipliaient en raison des circonstances auxquelles il devait satisfaire; il importe, pour que nous puissions, en connaissance de cause, assigner sa place à notre

---

[1]) *Ra-men-ta,* Soleil stabiliteur du monde, de Champollion.

collier [hieroglyphs] que les noms et la signification des colliers dont usa l'Égypte de l'antiquité, nous soient au moins sommairement connus.

II

Les dames égyptiennes ont, paraît-il, utilisé des parures qui, faites de perles et de pendeloques enfilées à la façon des grains de nos chapelets, pouvaient facultativement se porter en bracelet ou en collier.

Le nom égyptien de ces sortes de parure à double usage est déterminé par le signe : [hieroglyph], anneau.

Ainsi nous connaissons le collier-bracelet :

[hieroglyphs] *auau*. La racine [hieroglyphs] *au* signifie ‚lire' ce qui nous autorise à penser que les dames égyptiennes suspendaient à ce bijou quelque amulette gravé de signes symboliques ou de devises.

Un autre collier-bracelet, le [hieroglyphs] *ant* semble avoir été plus simple encore; sa racine [hieroglyphs] *an* signifie : forme, apparence, et n'indique par son déterminatif qu'un anneau, grand ou petit.

[hieroglyphs] *beb* et aussi [hieroglyphs] *beb*, empruntent de leur racine commune [hieroglyphs] *beb* : rond, cercle, et de leur déterminatif [hieroglyph], leur valeur fixe de collier.

[hieroglyphs] *ari-χeχ* et [hieroglyphs] *art-χeχ*, sont plus franchement encore des colliers, et la composition syllabique de ces mots semble même leur interdire de désigner autre chose que des colliers. [hieroglyphs] ou simplement [hieroglyph] *ari* signifient : gardien ou compagnon et [hieroglyphs] *χeχ* signifie : cou, gorge ou gosier. Ces mots unis disent littéralement : gardien ou compagnon du cou, c'est-à-dire : collier.

šabi et aussi *šabu*, copte ϣⲁⲃⲱ, avec leur déterminatif, collier, se présentent dans des conditions analogues. Leur racine *šabeb* signifie : cou, gosier, et le copte ϣⲁⲃⲱ a le sens de : ornement du cou.

Le collier *neb-en-bak*, littéralement : maître de l'épervier, n'était qu'une parure symbolique, il avait la forme d'un épervier aux ailes éployées.

La plupart des autres noms égyptiens du collier désignent plus explicitement le rôle attributif de cette sorte de parure, son emploi circonstanciel, et aussi, parfois, la matière dont il est fait.

Le collier *habnir,* semble, par ses racines, avoir été composé de grains et de pendeloques en bois d'ébène et avoir servi de parure de deuil. *hab* signifie : deuil, chagrin, et *habni,* ébénier, ébène.

Les colliers *aper* et *aperu-u* font partie, semble-t-il, du menu mobilier funéraire destiné aux momies. *aprer-u* signifie : ornements de momies, et *aper-u,* le contenu des coffrets funéraires.

La racine première ou *aper* a le sens de pourvoir, équiper, munir, et la stèle du roi Piankhi, ligne 88, parlant du trésor royal, dit qu'il est : *aper em χet-neb,* fourni de toutes choses.

C'est encore à l'œuvre funèbre de la momification que paraissent appartenir les colliers : *sahu* et *sah;* car l'expression identique *sahu* a directement la signification : momie, momifier.

Le signe est le déterminatif habituel de tout objet qui a trait au vêtement, et couvrir une momie de bandelettes, c'est de fait, la vêtir.

Le [hiéroglyphes] *sah* est aussi le collier d'Ammon-générateur. Ce collier est formé d'une longue bandelette dont les extrémités viennent se croiser sur la poitrine du dieu.

Le collier [hiéroglyphes] *mennat* est celui des nourrices et des nourrissons. Le mot [hiéroglyphes] *mennat* signifie: mamelles, et [hiéroglyphes] *menna* signifie : nourrir, allaiter.

Le signe [hiéroglyphe] n'est qu'une partie du collier des nourrices, dont il est le déterminatif ordinaire, mais le mot [hiéroglyphes] reçoit aussi assez fréquemment, comme déterminatif, l'image complète du collier, avec attaches et contrepoids.

[hiéroglyphes] *mennofer-t* est le collier des souhaits obligeants et des belles-promesses. Il est une expression de sentiments gracieux et dévoués. Il est fort probable qu'il a été un présent de fiançailles. Les mots [hiéroglyphes] *men,* stable, fondé, établi, et [hiéroglyphes] *nofer-t,* bonté, dont il est fait, donnent à l'ensemble de cette expression la signification de stabilité dans le bonheur, c'est-à-dire bonheur constant. Le collier *mennofer-t* a dû être le bijou ‚porte-bonheur' de son temps.

Enfin le collier — le collier sans attribut restrictif — était exprimé dans la langue écrite de l'Ancienne Égypte par le mot [hiéroglyphes] *useχ.*

De la valeur primitive de sa racine, l'*useχ* recevait un reflet de l'idée d'ampleur et d'étendue.

Ainsi, accentué du déterminatif [hiéroglyphe], barque, [hiéroglyphes] *useχ* signifie : un grand bateau, et [hiéroglyphes] désigne une large salle à colonnes. Les mots [hiéroglyphes] et [hiéroglyphes] répondent à : large, largeur, vaste.

En somme, c'est d'une quinzaine d'expressions, dont la langue de l'Ancienne Égypte avait l'usage pour rendre l'idée de collier dans ses diverses acceptions; et c'est à dessein qu'en passant en revue ces expressions variées, je me suis arrêté à chacune d'elles pour en analyser la composition.

Dès à présent, en effet, et sans qu'il soit besoin de les examiner à nouveau, nous pouvons juger que, de toutes les dénominations égyptiennes du collier, il n'en est qu'une seule qui soit suffisamment indépendante pour pouvoir s'adjoindre, comme complément attributif, le groupe hiéroglyphique [hiéroglyphes], des Notices descriptives de Champollion.

III

C'est de l'*usex* [hiéroglyphes] que j'entends parler.

Ce mot désigne tout simplement un collier, et tandis que les autres expressions égyptiennes du collier, affublées par leurs racines de qualités particulières ou d'intentions attributives, spécialisent chacun des colliers qu'elles désignent et ne peuvent, chacune, s'entendre que d'une sorte de collier, l'*usex* entièrement libre, au contraire, peut s'accommoder de toute attribution circonstantielle.

Le groupe [hiéroglyphes] *usex* doit à cette indépendance d'être l'expression phonétique du signe figuratif [hiéroglyphe], collier.

Cette même indépendance lui a valu d'être le titre du chapitre 158 du Livre des morts,[1]) et de s'étaler, de fait, sur la poitrine des momies comme attestation de l'état justifié du défunt. Rôle important, mais qui, dans l'ordre des récompenses suprêmes, n'est pas le seul qu'ait rempli le collier *usex*.

Pour les morts, attestation d'une existence honnête et bien remplie, l'*usex* a été, chez les vivants, l'attestation de la valeur guerrière et du mérite civil.

---

[1]) Dont voici la transcription complète : [hiéroglyphes].

Sous ce rapport, avec l'*usex* nous entrons de plain pied dans l'histoire militaire de l'Ancienne Égypte. Non pas que l'*usex* ait jamais, à ma connaissance du moins, joué le rôle triomphant du ‚tablier de cuir' de Kawèh le forgeron,[1]) de ‚l'Ancile' de Numa Pompilius, ou du ‚Labarum' de Constantin; mais parce que dans l'antiquité égyptienne le collier *usex* a joui d'une importance analogue à celle qu'ont de nos jours les divers insignes de mérite militaire ou civil, tels que médailles, croix et colliers, qui, chez nous aussi, tiennent par leur solennelle attribution au vif de notre histoire.

La survivance écrite de l'Ancienne Égypte n'est pas muette d'ailleurs à cet endroit. Le mot [hiéroglyphes] que le vicomte E. de Rougé lit *schua* et M. Henri Brugsch *fua*, a, chez l'un et chez l'autre, la valeur de notre mot : décoration, distinction. Et par tout pays, l'existence du mot atteste l'existence du fait.

Précisément les fastes connus de l'Égypte nous viennent ici en témoignage.

Ahmès, fils d'Avana, nous a laissé dans son tombeau son intéressante biographie : Sous Amasis, chef de la dix-huitième dynastie, cet Ahmès était devenu commandant supérieur des nautonniers. Il avait suivi et assisté le roi dans ses campagnes contre les Pasteurs, et il se vante, à plusieurs reprises, d'avoir été jugé digne du collier d'or et de l'avoir obtenu jusqu'à sept fois. [hiéroglyphes], *dignatus ergo fui auro septiès.*[2])

La stèle C 49 du Musée égyptien du Louvre nous fait connaître un autre Ahmès, surnommé Pensoub, à qui la décoration du collier d'or fut accordée quatre fois par les rois Amasis, Aménophis et Toutmès — de la dix-huitième dynastie — pour le récompenser de ses hauts faits militaires.

---

[1]) Firdousi, Livre des rois. Histoire de Zohak et de Kawèh le forgeron, ch. V, t. 1, traduction de Jules Mohl.

[2]) Emmanuel de Rougé, Mémoire sur l'inscription du tombeau d'Ahmès, chef des nautonniers, p. 61.

La stèle C 213 du même musée est par son ensemble plus affirmative encore de l'institution égyptienne que je signale. L'aire de cette stèle est divisée en deux registres. Sur l'un, un tableau, sur l'autre, un texte. Le texte nous apprend que le roi Séti Ier a accordé au fonctionnaire Har-Khem la décoration du collier d'or pour reconnaître ses services administratifs et militaires. Le tableau représente le roi Séti Ier assistant, au balcon de son palais, à la remise du collier d'or faite, par un de ses officiers délégué, à son zélé serviteur Har-Khem.[1])

M. Paul Pierret, dans les Mélanges d'archéologie égyptienne et assyrienne, relate, en l'empruntant à une publication de M. Dümichen, une autre scène d'investiture du collier d'or, et M. Henri Brugsch, dans sa Grammaire hiéroglyphique,[2]) cite une stèle de Boulaq — vestibule n° 26 — qui dénonce un fait analogue : [hiéroglyphes], une couronne[3]) (fut) à mon cou comme fait le roi à (celui) qu'il a distingué.

Chabas — Mélanges, III — consigne la phrase suivante, ici tout particulièrement significative : [hiéroglyphes], il me donna l'or des récompenses.

Le collier d'or qui, le plus souvent, n'est exprimé dans les textes que par le signe symbolique [hiéroglyphe], se composait de pendeloques faites de pierres précieuses, taillées ou allongées en ovales et aussi d'émaux cloisonnés de couleurs variées. Il se compliquait à l'occasion de plusieurs étages de ces sortes de bijoux. Aux jours de grandes solennités, le roi se parait de ces colliers aux rangs multiples. Ainsi, dans le Conte des deux frères, lorsque le roi sort pour voir les Perséas miraculeux

---

[1]) Musée égyptien du Louvre, salle du rez-de-chaussée.

[2]) Page 18.

[3]) *Collier* serait le mot propre.

poussés dans une nuit au pied du grand escalier du palais, il s'avance portant sur sa poitrine le grand collier de Khesvet.

Enfin si, de ces textes d'affirmation sans ambages, nous rapprochons le groupe symbolique *hor nub*, Horus d'or, Horus vainqueur, qui est l'expression de la victoire d'Horus sur ses adversaires, nous pouvons nous croire dûment autorisé à affirmer que l'Égypte reconnaissante a, de tout temps, honoré ses plus méritants serviteurs et que l'expression de sa reconnaissance, aussi simple que le devoir, fut tout simplement l'*useχ*.

IV

Mais la prospérité de l'Égypte n'a pas été l'œuvre exclusive de la classe militaire.

La suprématie par les armes ne peut s'acquérir, se développer et se maintenir dans une nation qu'à la condition de trouver dans les ressources intellectuelles, agricoles et industrielles de cette nation, l'appoint, sans cesse renouvelé, des lourds subsides, qui sont indispensables à l'équipement, à l'instruction, à l'entretien d'une force armée considérable, toujours prête à entrer en campagne; et nous devons admettre, à moins qu'il soit possible de démontrer que le peuple égyptien n'eut jamais à son service qu'un esprit boiteux, qu'il a su, précisément aux jours de sa plus grande splendeur, directement et indirectement, pour la satisfaction de son intérêt bien entendu, témoigner à tous les agents de sa prospérité une équitable et prévoyante protection.

Or, c'est un fait bien avéré que des plus sûrs agents de prospérité qu'ait jamais connus l'Égypte, sans contredit le plus national et le plus libéral a, de tout temps, été la pratique régulière et soutenue de l'agriculture.

L'intelligent appareil de canalisation, dont la vallée du Nil a été pourvue dès les premiers jours de l'existence nationale de l'Égypte, atteste que les Égyptiens de l'antiquité en ont toujours jugé ainsi, et le soin qu'a pris dès l'abord le corps sacerdotal de l'Égypte d'élever dans ses spéculations religieuses et philosophiques, la pratique de l'agriculture à la hauteur d'une suprême et céleste récompense, ne laisse aucun doute sur le caractère d'importance majeure que les gouvernants de l'Égypte n'ont jamais cessé de reconnaître à l'œuvre des champs.

Dans ces conditions, il est assurément fort légitime de croire que l'Égypte a, de tout temps, eu soin d'encourager par des honneurs et de soutenir par des récompenses effectives, les artisans de sa vie quotidienne, à l'égal, au moins, de ses défenseurs éventuels.

C'est la logique du bon sens qui parle ainsi; nous verrons tout à l'heure que la logique des faits civils et religieux est tout aussi positivement affirmative. Mais avant d'aller plus loin il convient de fixer l'interprétation du groupe hiéroglyphique : [hiéroglyphes], attribut du collier dont Champollion signale la remise faite à une femme, d'après les peintures relevées au tombeau de Rekhmara.

V

Champollion, ai-je dit, n'a pas traduit ce petit texte hiéroglyphique, mais, à la page 111 de son dictionnaire égyptien, on trouve la citation suivante : [hiéroglyphes], empruntée au propylôn de Nectanèbe à Philæ, et l'ensemble en est rendu par : offrande de fleurs . . . . . à la mère.[1])

---

[1]) Je n'ai rencontré ni trouvé, nulle part, car je l'ai cherché, le signe [hiéroglyphe] écrit au dictionnaire égyptien de Champollion, ce doit être là une erreur, et je crois que le signe à lire doit être [hiéroglyphe] *renp*, croître, pousser, rajeunir, renouveler; dans ce cas nous pourrions compléter cette citation par : offrande de fleurs *nouvelles* à la mère.

Le groupe initial de ce texte : [hieroglyphs] est identique au groupe initial de l'ensemble hiéroglyphique [hieroglyphs] recueilli dans le tombeau de Rekhmara, d'où il semblerait résulter que nous devons traduire [hieroglyphs] par : offrande.

Mais, d'une part, cette interprétation n'est pas donnée au Dictionnaire égyptien, dans les conditions où Champollion présente, le plus ordinairement, ses interprétations, c'est-à-dire comme le résultat d'une analyse raisonnée et appuyée des valeurs coptes correspondantes; d'autre part, nous savons que Champollion n'a ni suivi, ni revu personnellement le travail de transcription du Dictionnaire égyptien, publié sous son nom, et enfin nous constatons dans la traduction de ce même texte une négligence qui atteste bien l'absence regrettable de l'œil du maître.

Ce n'est pas en effet — toute réserve faite pour l'interprétation du groupe [hieroglyphs], sur laquelle nous reviendrons — offrande de fleurs . . . . . à *la* mère que dit réellement le texte hiéroglyphique emprunté au propylôn de Nectanèbe, mais bien : offrande de fleurs . . . . . à *sa* mère. Différence en apparence assez légère, mais qui, en raison de la prétention d'être d'essence divine, constamment affichée et affirmée par les rois d'Égypte, constitue dans le sens et la portée de cette citation ainsi traduite, une faute que n'eut point laissé passer Champollion, s'il lui eut été donné de réviser ses écrits et de présider à la publication qui en a été faite.

Il convient d'ailleurs de faire observer ici que les signes [hieroglyph] et [hieroglyph] ont fort souvent été confondus et qu'on les trouve, même aux temps anciens, gravés ou écrits l'un pour l'autre.

Dans la Grammaire égyptienne de Champollion, au tableau général de correspondance des caractères hiéroglyphiques linéaires et des caractères hiératiques, donné en addition, figurent, *ad finem*, inscrits sur la même ligne et côte à côte, les deux signes 𓏏 et 𓏏 qui, ainsi présentés, semblent être d'égale valeur, au même titre que les signes ▭ et ▭ qui occupent de front la ligne supérieure.

Ailleurs, dans la Grammaire égyptienne, page 345, le signe 𓏏 reste sans interprétation.

Cette confusion se rencontre même dans les textes originaux des meilleures époques.

Ainsi, au cours de l'inscription de la stèle du prince de Bachtan, le signe symbolique 𓊵 *hotep* est itérativement écrit 𓊵 et dans cette orthographe de transposition le signe ⌓ est, deux ou trois fois, remplacé par le signe 𓏏.

A la ligne 16 de la stèle du roi Piankhi-Mériamen, le graveur a écrit 𓏏 au lieu de 𓏏 dans le membre de phrase : 𓏏𓅐 ..., pourvus d'armes. Ce qui est une faute évidente, fait judicieusement observer M. Emmanuel de Rougé.

Enfin, pour me borner, dans l'épitaphe de l'Apis mort l'an 23 du roi Amasis, on trouve 𓏏 pour 𓏏 dans la phrase ... *er-ta-ha-t-en-w*, ‚adjecit', il ajouta.

Cela dit, pour constater que la configuration à peu près identique des signes 𓏏 et 𓏏 a, de tout temps, motivé quelque méprise, il convient de remarquer que Champollion ayant, malgré son silence d'interprétation, par deux fois et dans des circonstances variées, répété sans modification le signe 𓏏, c'est bien là le signe qu'il a entendu consigner dans ses Notices descriptives et dans son Dictionnaire égyptien et que, par conséquent, c'est bien au signe 𓏏 que nous avons affaire dans l'ensemble hiéroglyphique ... dont l'interprétation nous intéresse.

VI

La lecture de ce petit texte ne présente aucune difficulté, et nous n'avons qu'à justifier celle du signe ce qui ne sera ni long, ni compliqué, car ce signe se rencontre assez couramment en complément de son expression phonétique.

C'est bien ainsi qu'il se présente dans l'inscription murale qui consacre les fastes militaires de Toutmès III à Karnak, où il est gravé dans sa forme composée *seseptu.*

Auguste Mariette l'a relevé dans le papyrus G. u. n° 8 du Musée de Berlin. Il figure là, dans sa double expression syllabique et phonétique pour rendre la même idée, de sorte que d'une phrase à l'autre les expressions se contrôlent.

C'est dans son Mémoire sur la Mère d'Apis que Mariette le fait intervenir.

Il s'agit, dans le papyrus de Berlin, de taureaux noirs et blancs comme Apis. Leurs images sont accompagnées de légendes explicatives. On lit au-dessus du premier : ,figure cachée d'Osiris qui s'est orné de cornes‘; et au-dessous du second : ,Osiris qui s'est orné de l'oreille du taureau‘.

Nous avons ainsi, comme expression égyptienne de l'idée : orné, paré, dans la première phrase hiéroglyphique le signe symbolique , et dans la seconde le groupe phonétique *sept,* ce dernier donnant la lecture du signe .

Il est ainsi bien certain que l'ensemble hiéroglyphique , que nous tenons de Champollion, doit se lire *er-sept-t-uah u.*

Cette lecture acquise ne nous donne que des mots bien connus à interpréter et cependant j'éprouve quelque embarras à les traduire ici. Non pas, certes, que les témoignages de saine interprétation me fassent défaut, mais, bien au contraire, parce que ces témoignages sont puissants et nombreux et que, de l'un à l'autre, ils se montrent quelque peu ondoyants.

Ainsi, comme nous venons de le voir, Auguste Mariette — Mère d'Apis — traduit le signe [hiéroglyphe] *sept* et son expression phonétique : [hiéroglyphes] *sept* par : orné.

M. Maspero donne à ce même mot le sens de : prudent, et estimant que le signe [hiéroglyphe] mis en affixe de son expression phonétique [hiéroglyphes], en augmente l'intensité naturelle, il traduit [hiéroglyphes] par : très prudent (Du genre épistolaire, p. 32, note 2).

M. Henri Brugsch — Grammaire hiéroglyphique, p. 102 — donne à [hiéroglyphes] le sens de : richesses, tandis qu'ailleurs — Monuments — il traduit ce même signe (verbe) par : protéger.

Chabas — Médecine des anciens Égyptiens — dit de la pierre : [hiéroglyphes] *anar saptu,* qui entrait dans cinq formules médicales, qu'on lui croyait la vertu de rendre insensible à la douleur, ce qui attribuerait ici au mot *sapt* le sens de : modérer, calmer, appaiser, et ailleurs, — Mélanges, 1864, p. 143 — il traduit le mot [hiéroglyphes] accentué du signe [hiéroglyphe] comme déterminatif par : donner, mais avec le sens de : distribuer, car il s'agit là de grains divers à partager aux troupes.

Dans son Vocabulaire hiéroglyphique, M. Paul Pierret donne au mot [hiéroglyphes] *sept,* les sens multiples de : munir, préparer, disposer, nantir, fournir, protéger, et lui-même traduit ce mot par : protéger, dans son Étude égyptologique : Livre d'honorer Osiris, p. 24.

Enfin je trouve — Journal Asiatique, septembre-octobre 1856, p. 236 — l'observation suivante qu'y consigne le vicomte E. de Rougé, sur le signe [hiéroglyphe], au cours de son Étude sur une stèle égyptienne : *sesput*, dit-il, est la forme composée du terme *sput*, écrit très habituellement avec l'objet triangulaire 𓍝. On le traduit toujours à merveille en le rapprochant du copte coϭⲧ ‚apparatus, suppellex, bona quævis', dit Peyron, et, comme verbe ‚instruere, reficere, preparare'. C'est un mot très important dans les inscriptions.

C'est, en effet, à l'occasion de la rencontre qu'il en fait dans l'inscription de Karnak — Annales de Toutmès III — que le vicomte E. de Rougé parle du signe 𓍝 dans les termes que j'ai rapportés et qu'il nous invite, pour l'interprétation de ce signe et de son expression phonétique 𓋴𓊪 *sept*, à faire un choix, suivant les circonstances, entre : ‚apparatus, suppellex, bona quævis', s'il s'agit de notre signe comme substantif, et ‚instruere, reficere, preparare', s'il s'agit de ce même mot comme verbe.

La marge est large, mais elle est bien arrêtée, et je crois n'en pas sortir en donnant au signe 𓍝 du groupe hiéroglyphique emprunté à Champollion, le sens de : choix, qui correspond à l'idée de prudence que M. Maspero a vue dans ce même signe, et aussi le sens de : aménagement, qui correspond au mot ‚apparatus', préconisé par Peyron comme interprétation du copte coϭⲧ, dont E. de Rougé a judicieusement rapproché notre signe 𓍝. Dans ces conditions il est certain que 𓍝𓂋 sera exactement traduit par : choix et aménagement.

Le signe 𓎛 n'offre point d'ambiguité, mais il a, dans l'usage, une élasticité d'intention qui varie avec l'objet auquel il s'applique.

Ainsi Henri Brugsch traduit 𓎛𓈖𓊪𓇋 par : plusieurs fois, et 𓅓𓎛 par : en outre, de plus.[1]) E. de Rougé donne à

---

[1]) Grammaire hiéroglyphique, passim.

[hieroglyphs] la signification : multum bonum.[1]) M. Ed. Naville rend [hieroglyphs] par : il étala ses écrits.[2])

Sur un cercueil de la Bibliothèque nationale nous lisons : [hieroglyphs], scribe des ‚revenus' des biens sacrés.

Dans la phrase [hieroglyphs] que Chabas a traduite par : fournisseur d'eau, le signe [hieroglyph] a littéralement le sens de : ajouter.

Enfin [hieroglyphs] *uah-het* signifie : dilatation du cœur, et le mot [hieroglyphs] *baner* désigne un régime de dattes.

Le signe [hieroglyph] comporte donc un sens de collectivité à appliquer à l'objet, ou aux objets auxquels il se rapporte.

Ici, c'est au signe [hieroglyph] que nous avons affaire comme déterminatif du précédent. Champollion assigne au signe symbolique [hieroglyph] la valeur : herbes et M. Maspero celle de : herbages, plantes en général. Dans des circonstances spécialisées on le trouve aussi employé comme déterminatif de fleurs; mais son emploi le plus courant lui attribue la valeur de : herbes, herbages, plantes en général. Ainsi, dans la phrase qui suit, il signifie herbes et il ne parait pas qu'il y puisse signifier autre chose : [hieroglyphs] *χer-mer-t-f sem-sen-uat-au-mafek,* c'est-à-dire : avec son marais [et] ses herbes plus vertes que l'airain.[3])

Il convient d'ailleurs de constater que le signe [hieroglyph] figure dans la composition orthographique des termes les plus spéciaux à l'œuvre des champs; ainsi [hieroglyphs] signifie : terre cultivable; [hieroglyphs], herbes, [hieroglyphs], planter, [hieroglyphs], ouvriers des champs, [hieroglyphs] foin nouveau, [hieroglyphs] broussailles, herbes

---

[1]) Études sur une stèle égyptienne.

[2]) Inscription hiéroglyphique de Pinodjem III, p. 5.

[3]) J. de Rougé, Textes géographiques d'Edfou, p. 72.

sèches, expressions où l'emploi, qui est fait du signe , lui donne un air de rusticité qui semble être son bien propre.

En attribuant au groupe hiéroglyphique des Notices descriptives de Champollion le sens de : ensemble d'herbes, herbes fourragères, je reste donc assurément dans les conditions d'une légitime interprétation.

Sur ces données d'interprétation reprenant à présent la phrase de Champollion, nous avons — avec *useχ*, collier de mérite — ,une femme à laquelle on vient de mettre le collier de mérite pour le choix et l'aménagement des herbes fourragères[1].

Ainsi complétée cette phrase de Champollion nous dénonce un trait des mœurs égyptiennes jusqu'ici resté dans l'ombre, et ajoute un chapitre aux chapitres déjà nombreux des us et coutumes de l'Ancienne Égypte. Nous y reviendrons tout à l'heure, mais je dois auparavant en finir avec une objection possible.

J'ai signalé de faciles et fréquentes confusions entre les signes et et je me suis demandé ce qu'il adviendrait de l'ensemble hiéroglyphique emprunté à Champollion, si, au signe sur lequel nous avons compté, il nous fallait, par légitime rectification, substituer le signe .

A ce sujet j'ai déjà fait observer que, Champollion ayant répété dans des occasions variées les groupes hiéroglyphiques et sans modifier en rien le signe , nous devons croire que c'est bien là le signe qu'il a voulu écrire. Toutefois pour le cas possible d'une confusion, voici, tirée de l'objection elle-même, la juste réponse que j'y peux faire.

Avec le signe substitué au signe , nous aurons, il est vrai, un autre mot et aussi une autre lecture, mais le sens que nous fournira ce nouveau texte ne s'éloignera que fort peu du sens donné par le signe .

Nous rappelant que le signe 𓌙 permute avec les signes ⌓, ═, ⊂⊃,[1]) et que le signe ⌓ mis à la suite d'un substantif indique l'abstraction et le genre féminin du substantif qu'il suit, nous lirons le groupe hiéroglyphique ⊂⊃𓌙⌓ *ret*, copte **ⲣⲏⲧ**, culture, et la phrase de Champollion se comportera alors de la manière suivante : ‚une femme à laquelle on vient de mettre le collier de mérite pour la culture herbagère'.

VII

Mais qu'est-ce que ce collier tout spécial et à quelle circonstance de la vie publique ou privée peut-il exactement répondre chez les Égyptiens de l'Antiquité?

Dans la civilisation raffinée de l'Ancienne Égypte, les femmes ont, de tout temps et dans la mesure de leurs facultés physiques, occupé, concurremment avec les hommes, une place fort considérable. Nous savons qu'elles avaient leur part de charges de cour, et quelques-unes même y ont tenu les fonctions de scribe royal. Dans le service journalier des temples on les voit presque aussi nombreuses que les hommes.

Une stèle du Musée de Leide, stèle qui relève des temps lointains de la XIIe dynastie, et qui provient du tombeau d'un personnage de cour nommé Suten-em-Hat, contient une énumération de fonctionnaires sacerdotaux où chaque titre de prêtre est immédiatement suivi d'un titre correspondant de prêtresse.

Ainsi nous y lisons :

---

[1]) Ainsi je trouve dans la grammaire de Champollion p. 79 : [hiéroglyphes] *art*, pot au lait, et aussi [hiéroglyphes] *art-t*, pot au lait. Et dans le mot [hiéroglyphes] *pet-Isis*, notre signe 𓌙 a la valeur de ⊂⊃ ou de ═ ou de ⌓. Il en est de même dans le cartouche de la reine Amnaritis [cartouche] que j'emprunte à Lepsius (Königsb. 617).

[hieroglyphs] *nuter-hon-u-neb,* (vous) tous serviteurs divins.

[hieroglyphs] *ab-u-neb,* (vous) tous prêtres.

[hieroglyphs] *nuter-hon-t-u,* (vous) servantes divines.

[hieroglyphs] *hes-u,* chanteurs.

[hieroglyphs] *hes-t-u,* chanteuses.

[hieroglyphs] *χen-nu-u,* assistants.

[hieroglyphs] *χen-nu-t-u,* assistantes.

Cette énumération est édifiante, et la date de la XIIe dynastie, qui est celle de la stèle de Suten-em-hat, nous dit de quelle grande considération jouissaient les femmes égyptiennes plus de trente siècles avant notre ère.

L'admission des femmes égyptiennes aux charges de cour et aux fonctions sacerdotales n'est, toutefois, qu'une des formes de la haute considération qui, de tout temps, entoura la femme égyptienne.

Il ne nous est point revenu, que je sache du moins, d'actes et de contrats, qui nous fassent au juste connaître la condition juridique de la femme égyptienne aux jours de l'Ancien Empire; mais les inscriptions, les peintures et les tableaux, gravés dans les tombeaux de cette époque, nous représentent la femme légitime comme l'égale de son mari; elle siège à ses côtés et porte le titre de [hieroglyphs] *neb-t-pa,* c'est-à-dire : maîtresse de maison, titre qui la revêt d'une autorité et d'un prestige, bien souvent souverains, même à l'encontre du mari.

Les nombreux contrats démotiques que renferment le British Museum, le Musée de Berlin et aussi le Musée égyptien du Louvre, témoignent que cette condition privilégiée de la femme égyptienne s'est continuée jusqu'aux derniers jours historiques de l'existence de l'Ancienne Égypte; tandis que les textes géographiques du temple d'Edfou attestent qu'à la cour comme au sanctuaire la femme égyptienne avait encore à l'époque ptolémaïque ses avantages honorifiques des siècles passés.

Le discours du roi, présentant à Hor-hut les Nomes personnifiés de l'Égypte et les remettant à sa garde avec tout ce qu'ils contiennent et tout ce qui leur appartient, est en effet la constatation qu'à cette époque, qui avoisine déjà l'éclosion de l'ère moderne de l'occident, les temples de l'Égypte sont, comme autrefois, pourvus de prêtres et de prêtresses.

Voici, sous ce rapport, copie de la partie du texte qui nous intéresse : , ... [hiéroglyphes], c'est-à-dire : (avec) les prêtres aux invocations et les dames assistantes.[1])

Ainsi se trouve historiquement affirmée, à toutes les époques de l'existence nationale de l'Ancienne Égypte, l'importance sociale de la femme dans le monde de la vallée du Nil; et, si à l'exemple des hommes qui, chargés des travaux de la guerre, recevaient, en conséquence de leurs services spéciaux, des récompenses spéciales, nous trouvons les femmes égyptiennes chargées, elles aussi, et tout spécialement, de missions publiques honorables et honorées, nous ne devrons point nous étonner de les voir, elles aussi, distinguées, à l'occasion de leurs bons services, par des récompenses spéciales.

VIII

Entre autres fonctions publiques dont en Égypte furent chargées les femmes, il en est une qui exigeait d'elles une grande réserve professionnelle, une bonne dose de jugement,

---

[1]) Inscriptions et notices recueillies à Edfou (Haute Égypte) pendant la mission scientifique de M. le vicomte E. de Rougé, t. 2. Nomes de la Basse-Égypte. Discours d'offrande du roi devant les nomes de la Basse-Égypte, planche CXLIII.

l'aptitude à l'observation et quelque connaissance pratique de la culture herbagère.

On sait la place qu'a tenue le culte d'Apis dans les institutions religieuses de l'Égypte. Apis, c'était la personnification d'Osiris, et Osiris résumait tout le cycle religieux de l'Égypte.[1])

Mais le jeune taureau tacheté suivant l'ordonnance, et, à ce titre prédestiné aux fonctions de dieu incarné, n'entrait point d'emblée dans l'exercice de sa charge. Avant de s'offrir en personne à la vénération des fidèles, Apis devait apprendre à se bien tenir, et à savoir au gré des prêtres, témoigner d'une mimique intelligible à tous venants. A cet effet, Apis subissait, paraît-il, un apprentissage de six semaines, et c'est à un collége de femmes qu'était dévolu le soin de cet apprentissage.

„Avant de venir à Memphis prendre possession de son sanctuaire-étable, le taureau sacré, dit Diodore, était conduit par les prêtres dans la ville du Nil et remis là aux soins des femmes préposées à son service. Quarante jours durant, Apis était là, en tout et pour tout servi par les femmes commises à cet effet.‘[2])

Eh bien! de toute nécessité, les soins à donner au taureau stagiaire, soins d'ailleurs multiples et divers, devaient comprendre, dans une série d'autres obligations, mais en première ligne, la connaissance exacte, et par là le choix raisonné des fourrages destinés à l'alimentation du taureau sacré.

Étudier ses goûts, discerner ses préférences, les gouverner et, au besoin, les établir et les commander, tel devait être, pour

---

[1]) Voir Auguste Mariette, Mère d'Apis, passim.

[2]) Ὅταν δ' εὑρεθῇ, τὰ μὲν πλήθη τοῦ πένθους ἀπολύεται, τῶν δ' ἱερέων οἷς ἐστιν ἐπιμελές, ἄγουσι τὸν μόσχον το μὲν πρῶτον εἰς Νείλου πόλιν, εν ᾗ τρέφουσιν αὐτὸν ἐφ' ἡμέρας τετταράκοντα· ἔπειτα εἰς θαλαμηγὸν ναῦν οἴκημα κεχρυσωμένον ἔχουσαν εμβιβάσαντες, ὡς θεὸν ἀνάγουσιν εἰς Μέμφιν, εἰς τὸ τοῦ Ἡφαίστου τέμενος· ἐν δε ταῖς προειρημέναις τετταράκονθ' ἡμέραις μόνον ὁρῶσιν αὐτὸν αἱ γυναῖκες..... (Diodore, liv. I, p. 251, éd. Bipontine, 1793.)

le bien de l'œuvre des servantes institutrices d'Apis, le programme à suivre, le but suprême à atteindre.

La fortune de chaque Apis, sinon toute la fortune du culte d'Apis dépendait de l'éducation première du taureau stagiaire.[1])

En fonction de dieu, Apis en effet devait rendre des oracles. Il ne parlait pas sans doute; mais par son attitude dédaigneuse ou empressée vis-à-vis de qui lui présentait l'herbe sainte de la consultation, il indiquait aux prêtres de son sanctuaire le sens négatif ou affirmatif de la réponse à faire à la question posée.[2])

Sur ses préférences naturelles ou suggérées, il s'agissait donc pour parfaire l'éducation du jeune Apis de l'instruire à dédaigner tel herbage, et à désirer tel autre, et c'était alors l'affaire des servantes d'Apis de savoir correctement distinguer entre tel herbage et tel autre pour qu'ils soient, par division motivée, méthodiquement emmagasinés.

De là, pour les aspirantes à la fonction de servantes d'Apis l'obligation de témoigner d'aptitudes spéciales et, pour le collége des prêtres de Memphis, la nécessité de susciter des aspirantes à la fonction par l'octroi de récompenses et de distinctions honorifiques.

---

[1]) ‚Le culte d'Apis était debout sous la cinquième dynastie,' dit Auguste Mariette (Renseignements sur les soixante-quatre Apis). Je crois que nous pouvons élever cette affirmation jusqu'à la quatrième dynastie. La raison que j'ai de penser ainsi, la voici : Le nom de Memphis est le copte ⲙⲉⲛϥ et ⲙⲉⲙϥⲓ et le nom hiéroglyphique Mennefer. A l'analyse ce mot s'interprète par *men*, demeure; *nefer*, bienveillant = Osiris = Apis; pyramide, la ville. C'est-à-dire : La demeure d'Apis (est) la ville de la pyramide. Cette indication de ville de la pyramide désignant le siége d'Apis me semble avoir une valeur chronologique et attester qu'au temps de la quatrième dynastie, Memphis était déjà la métropole du culte d'Apis.

[2]) Responsa privatis dat, è manu consulentium cibum capiendo. Germanici Cæsaris manum [manus] aversatus est, haud multo post extincti. Pline, Hist. nat., liv. VIII, ch. XLVI.

C'est dans ce sentiment de sollicitude spéculative de la part des prêtres de Memphis et d'ambitieuse émulation de la part des femmes égyptiennes que s'offre à mon esprit la scène d'investiture du collier [hiéroglyphes] *er-sept-uah-u* que signale Champollion, scène dont je trouve une expression plus complète au tome II, planche CLXXXVII des Monuments de l'Égypte et de la Nubie, et dont, à cette cause, voici la description.

IX

Cette planche CLXXXVII est tout entière employée à la représentation des scènes diverses de l'investiture religieuse d'un collier spécial.

Ce collier se développe, figurant assez exactement une fleur de lotus renversée, dont le calice verticalement tranché sur un seul point de sa circonférence extérieure, étalerait à plat ses pétales étagés en affectant une ligne courbe à la façon de ce dessin: [dessin].

Les personnages qui procèdent à la remise de ce collier sont des femmes vêtues d'une robe étroite faite d'étoffe légère. Leur tête est chargée d'une perruque noire à longues et nombreuses mèches roulées en spirales et retombant en arrière et sur leurs épaules.

Les novices se présentent agenouillées, accroupies sur leurs talons à la manière égyptienne, quelquefois isolées, quelquefois deux de front et le plus souvent par groupe de trois.

La remise du collier semble précédée d'ablutions et d'offrandes.

Les derniers registres de notre planche CLXXXVII se terminent à gauche par des chœurs de chanteuses et de musiciennes instrumentistes.

Ainsi que les planches dont les dessins ont été relevés au tombeau de Rekhmara, notre planche CLXXXVII est présentée sous la rubrique *Thèbes-Kourna*. Elle ne porte aucun texte, mais elle se rapporte si évidemment aux indications fournies par Champollion qu'elle semble être dans ses dispositions principales une répétition de la scène dont il parle à propos du collier *er-sept-uah-u* et de la remise qui en est faite à une femme.

X

Par l'analyse et l'interprétation que nous avons présentées de l'expression égyptienne qui le désigne et le qualifie, nous savons ce qu'est par lui-même le collier *er-sept-uah-u*, dont parle Champollion. Il est bon maintenant de connaître l'époque où l'institution s'en est produite et le milieu où elle a dû fonctionner.

Cette brève étude à faire nous expliquera, tout à la fois, les motifs qu'a pu avoir Rekhmara de célébrer cette institution à l'égal d'un fait historique et l'importance réelle qu'elle parait avoir eue de son temps.

Rekhmara, nous le savons, fut un haut dignitaire de la cour de Toutmès III. Il tenait, dans le palais de ce prince, un poste de confiance, il se vante d'avoir été chargé de recevoir les envoyés des princes tributaires de l'Égypte et d'avoir présidé à la réception des tributs par eux apportés.

Suivant l'usage égyptien, Rekhmara, à n'en pas douter, a fait construire son tombeau alors qu'il était encore plein de vie. Il a désigné les sujets divers qui devaient y figurer en peinture, et c'est encore lui qui les y a fait exécuter.

Dans ces conditions il est certain que la scène d'investiture du collier de mérite *er-sept-uah-u* que signale Champollion, relève, comme le roi Toutmès III lui-même, des temps moyens de l'existence de la dix-huitième dynastie.

Or, c'est Ahmès I — Amasis — chef de la dix-huitième

dynastie, qui a eu l'heur de reconquérir définitivement la Basse-Égypte sur les Pasteurs, et c'est par là à la dix-huitième dynastie qu'a été dévolu le rôle glorieux de relever la Basse-Égypte de l'état fâcheux où la laissèrent les Pasteurs.

Ce qu'était alors l'état économique de la Basse-Égypte, on le sait assez.

Dans la campagne les canaux s'étaient comblés, le désert s'était avancé, l'agriculture était éteinte.

Dans les villes les édifices étaient détruits ou altérés, et dans l'esprit des populations les lois et la religion s'étaient oblitérées. L'œuvre de vingt siècles d'intelligente et féconde administration avait disparu.

Reprendre et mener à bien cette œuvre complexe et large ne pouvait être le fait ni d'un seul homme, ni d'un seul jour.

Tous les moyens d'action salutaire durent alors être employés. Toutes les bonnes volontés durent être sollicitées et l'émulation pour le bien est un auxiliaire trop sûr et trop puissant pour avoir alors été négligée.

Le tableau recueilli par Champollion dans le tombeau de Rekhmara, témoigne qu'en Égypte, au temps de la dix-huitième dynastie, l'émulation pour le bien avait déjà ses libres concours et ses lauréats.[1])

---

[1]) Les deux siècles et demi d'existence qu'a fournis la dix-huitième dynastie, n'ont point suffi à l'accomplissement de sa tâche de réparation. La dix-neuvième dynastie a dû, elle aussi, donner son contingent d'efforts. Ce qui nous est revenu de la littérature de cette époque : l'écrit de Penbesa — Papyrus Anastasi III — le Conte des deux frères, du scribe Ennana, témoignent, à l'endroit de l'agriculture, de préoccupations encore vives en ce sens. C'est à Aménophis III, de la dix-huitième dynastie que le Sérapéum doit sa fondation, mais c'est à Ramessès II, Sésostris, de la dix-neuvième dynastie que cet Hypogée doit l'extension si considérable que nous lui connaissons.

VIENNE. — TYP. ADOLPHE HOLZHAUSEN,
IMPRIMEUR DE LA COUR I. & R. ET DE L'UNIVERSITÉ.

www.ingramcontent.com/pod-product-compliance
Lightning Source LLC
LaVergne TN
LVHW020249230826
846091LV00006B/2327

9782013429986